Impressum
Verlag: BABADADA GmbH, Nedderfeld 112 , 22529 Hamburg
Geschäftsführer / Verlagsleitung: Harald Hof
Druck: Books on Demand GmbH, In de Tarpen 42, 22848 Norderstedt

Imprint
Publisher: BABADADA GmbH, Nedderfeld 112 , 22529 Hamburg, Germany
Managing Director / Publishing direction: Harald Hof
Print: Books on Demand GmbH, In de Tarpen 42, 22848 Norderstedt

escola

escola

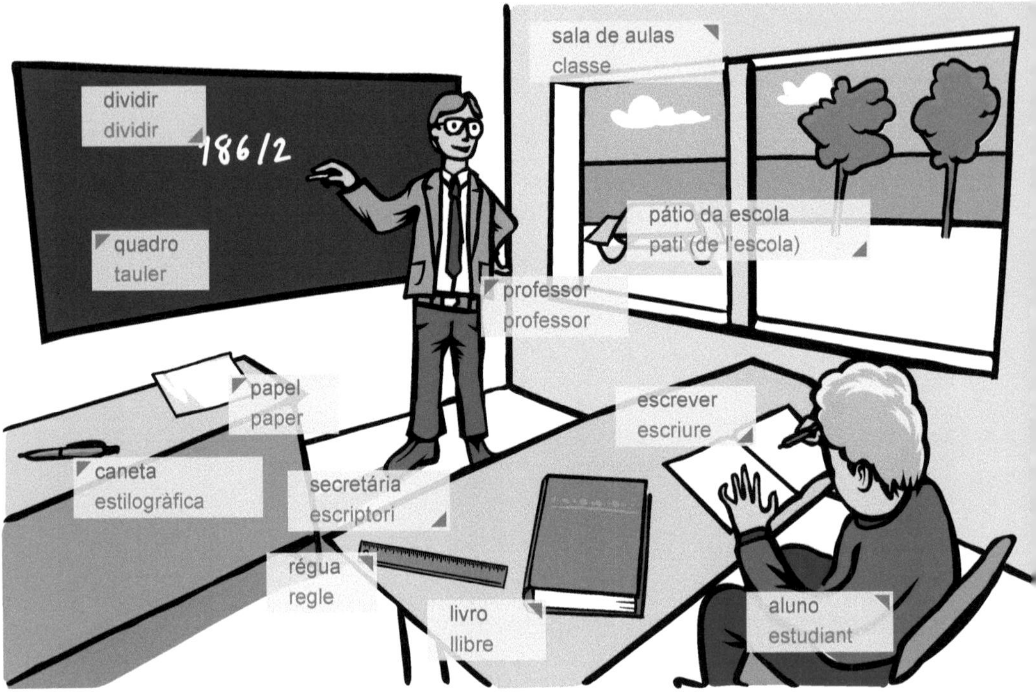
sala de aulas
classe
dividir
dividir
186/2
quadro
tauler
pátio da escola
pati (de l'escola)
professor
professor
papel
paper
escrever
escriure
caneta
estilogràfica
secretária
escriptori
régua
regle
livro
llibre
aluno
estudiant

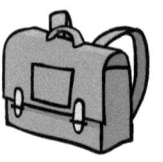

mochila

bossa

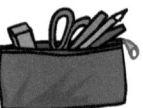

estojo de lápis

estoig

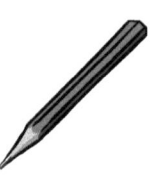

lápis

llapis

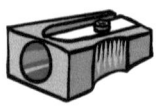

afia-lápis

maquineta de fer punta

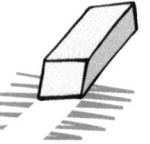

borracha

goma

bloco de desenho

bloc de dibuix

desenho
dibuix

pincel
pinzell

caixa de tintas
capsa de pintures

tesoura
tisores

cola
cola

livro de exercícios
quadern d'exercicis

trabalhos de casa
deures

número
nombre

2+2

somar
afegir

subtrair
sostreure

multiplicar
multiplicar

calcular
calcular

letra
lletra

alfabeto
alfabet

palavra
mot

texto

text

ler

llegir

giz

guix

hora

lliçó

registo de presenças

llibre de classe

exame

examen

certificado

certificat

uniforme escolar

uniforme escolar

educação

formació

enciclopédia

enciclopèdia

universidade

universitat

microscópio

microscopi

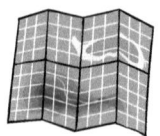

mapa

mapa

cesto de lixo

paperera

viagem
viatge

hotel
hotel
Grand
hostel
alberg
ROOMS
EXCHANGE
casa de câmbio
oficina de canvi
mala
maleta
carro
automòbil

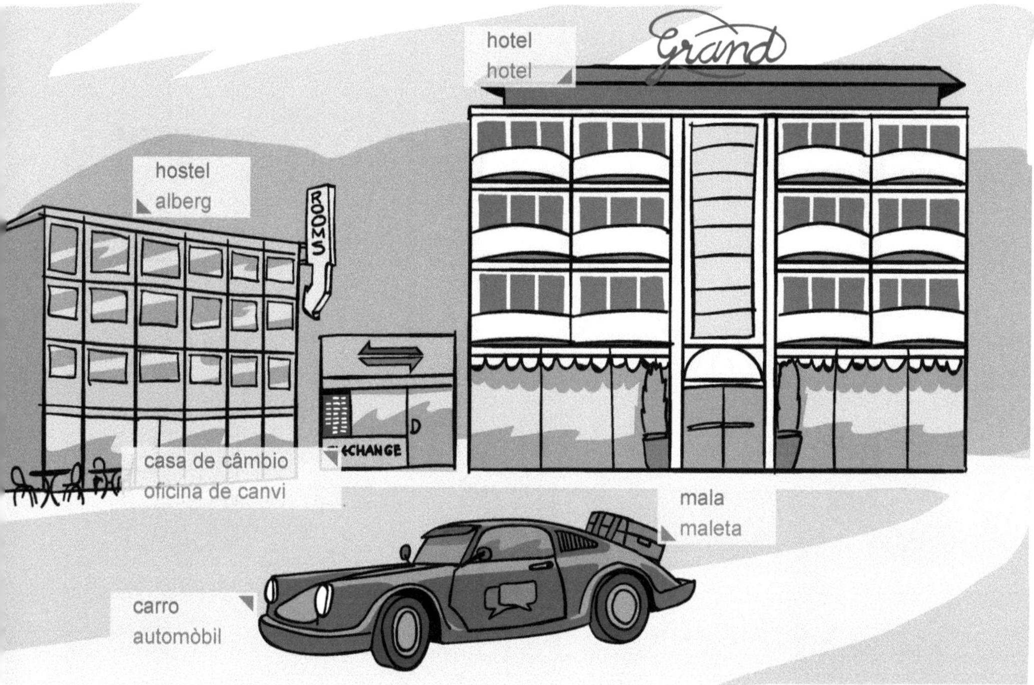

idioma

llengua

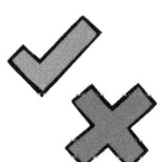

sim / não

sí / no

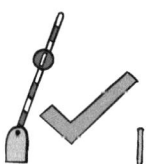

ok / certo / correto

D'acord

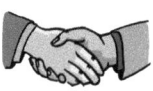

olá

Ey!

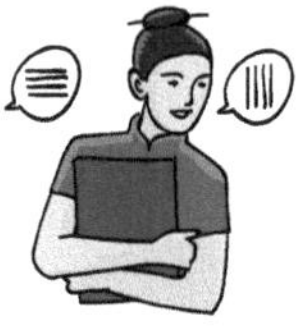

intérprete

traductora

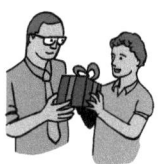

obrigado

gràcies

quanto é que custa... ?

Quant costa... ?

não entendo

No entenc

problema

problema

boa noite!

Bona nit!

Bom dia!

bon dia!

Boa noite!

bona nit!

adeus

fins aviat

direção

direcció

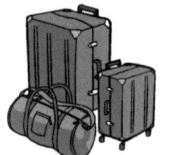

bagagem

bagatge

saco

bossa

mochila

sarrona

convidado

convidat

quarto

cambra

saco-cama

sac de dormir

tenda

tenda

informação turística

oficina de turisme

praia

platja

cartão de crédito

carta de crèdit

pequeno-almoço

esmorzar

almoço

dinar

jantar

sopar

bilhete

bitllet

elevador

ascensor

selo postal

segell

fronteira

frontera

alfândega

duana

embaixada

ambaixada

visto

visat

passaporte

passaport

transporte
transport

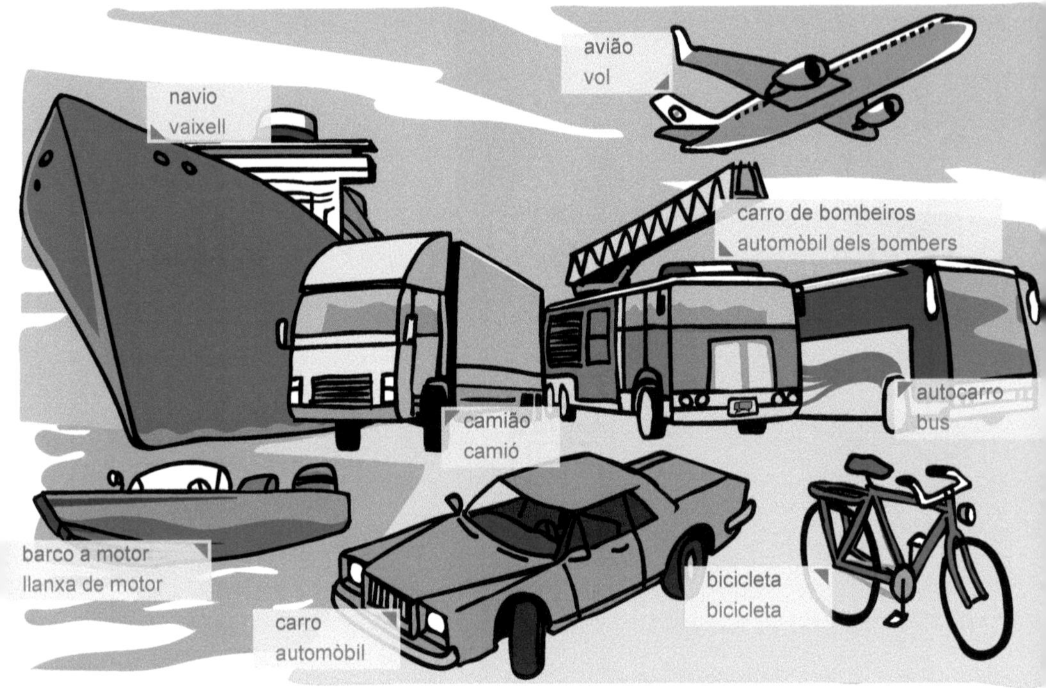

avião
vol
navio
vaixell
carro de bombeiros
automòbil dels bombers
autocarro
bus
camião
camió
barco a motor
llanxa de motor
bicicleta
bicicleta
carro
automòbil

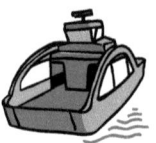

cacilheiro

transbordador

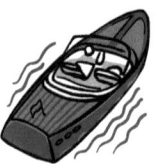

barco

barca

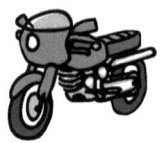

mota

moto

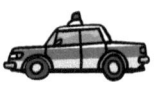

carro de polícia

automòbil de policia

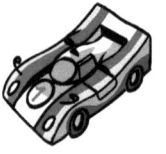

carro de corrida

automòbil de curses

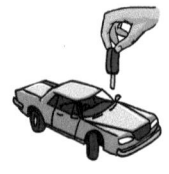

carro alugado

automòbil de lloguer

carsharing

vehicle compartit

camião de reboque

grua

camião do lixo

camió de les escombraries

motor

motor

combustível

benzina

estação de serviço

benzineria

sinal de trânsito

senyal de trànsit

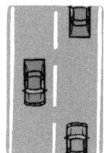

trânsito

trànsit

congestionamento de trânsito

embús

parque de estacionamento

aparcament

estação ferroviária

estació de trens

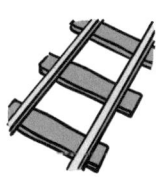

carris

vies

comboio

tren

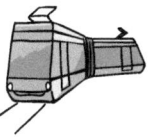

elétrico

tramvia

carruagem

vagó

helicóptero

helicòpter

aeroporto

aeroport

torre

torre

passageiro

passatger

contentor

contenidor

caixa de papelão

capsa de cartó

carrinho

carretó

cesto

cistella

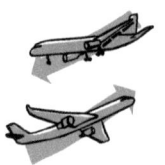

levantar voo / aterrar

enlairar-se / aterrar

cidade

ciutat

aldeia

poble

centro da cidade

centre de la ciutat

casa

casa

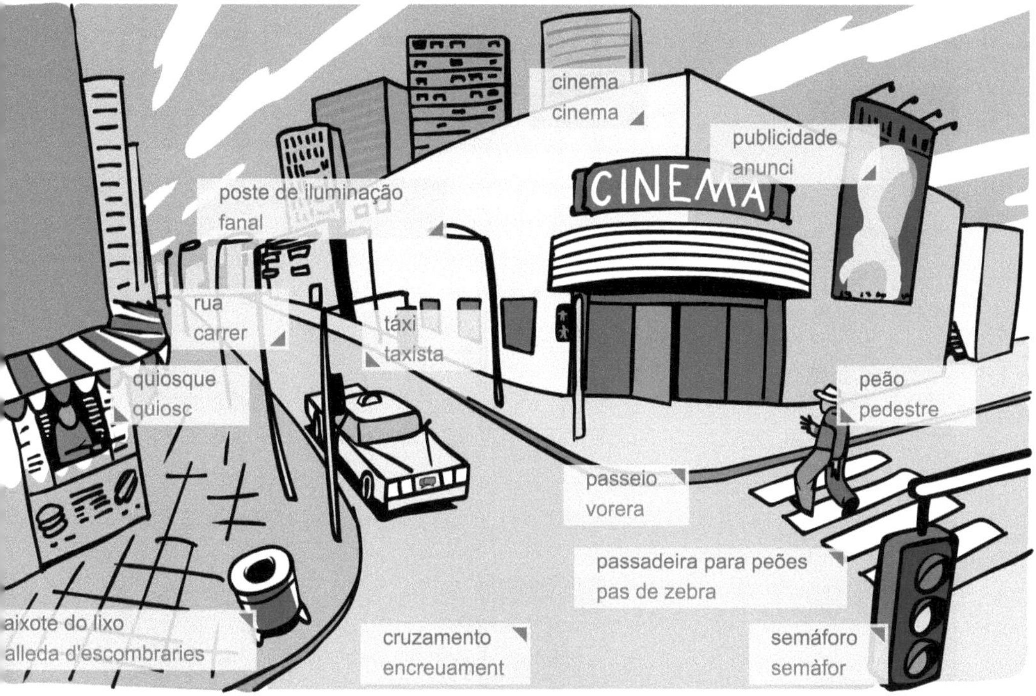

cinema
cinema

publicidade
anunci

poste de iluminação
fanal

CINEMA

rua
carrer

táxi
taxista

quiosque
quiosc

peão
pedestre

passeio
vorera

passadeira para peões
pas de zebra

aixote do lixo
alleda d'escombraries

cruzamento
encreuament

semáforo
semàfor

cabana

cabana

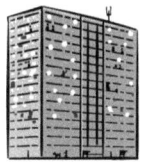

apartamento

apartament

estação ferroviária

estació de trens

câmara municipal

casa de la vila-ciutat

museu

museu

escola

escola

universidade

universitat

banco

banca

hospital

hospital

hotel

hotel

farmácia

farmàcia

escritório

oficina

livraria

llibreria

loja

botiga

florista

floristeria

supermercado

supermercat

mercado

mercat

loja de departamentos

gran magatzem

peixaria

peixateria

centro comercial

centre comercial

porto

port

parque
parc

banco
banc

ponte
pont

escadas
escala

metro
metro

túnel
túnel

paragem de autocarro
parada d'autobús

bar
bar

restaurante
restaurant

caixa de correio
bústia de correu

sinal de trânsito
senyal indicador

parquímetro
parquímetre

jardim zoológico
zoo

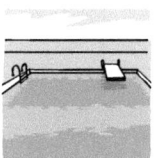

piscina
piscina

mesquita
mesquita

quinta
granja

poluição
pol·lució

cemitério
cementiri

igreja
església

parque infantil
parc infantil

templo
temple

paisagem
paisatge

folha
fulla

placa de sinalização
cartell indicador

caminho
camí

prado
prat

pedra
pedra

árvore
arbre

caminhantes
excursionista

rio
riu

relva
gespa

flor
flor

vale
vall

montanha
muntanya

lago
llac

floresta
bosc

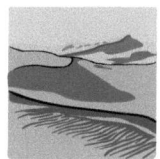

deserto
desert

vulcão
volcà

castelo
castell

arco-íris
arc de Sant Martí

cogumelo
bolet

palma
palmera

mosquito
moscard

mosca
mosca

formiga
formiga

abelha
abella

aranha
aranya

besouro

escarabat

sapo

granota

esquilo

esquirol

ouriço

eriçó

lebre

llebre

coruja

òliba

pássaro

ocell

cisne

cigne

javali

senglar

veado

cervo

alce

ant

barragem

presa

turbina eólica

turbina

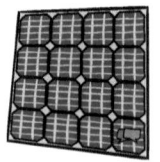

painel solar

panell solar

clima

clima

restaurante
restaurant

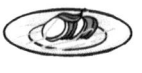

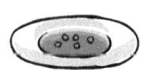

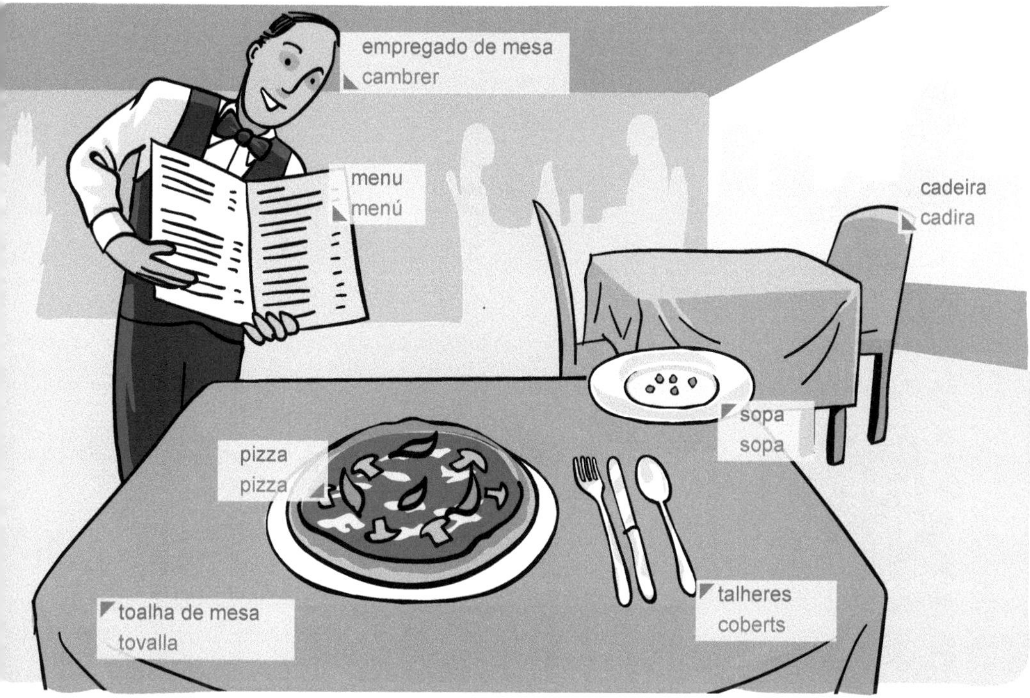
empregado de mesa
cambrer
menu
menú
cadeira
cadira
sopa
sopa
pizza
pizza
toalha de mesa
tovalla
talheres
coberts

entrada
primer plat

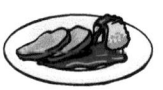

prato principal
plat principal

sobremesa
darreries

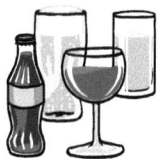

bebidas
begudes

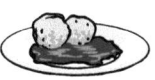

comida
menjar

garrafa
ampolla

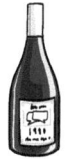

fast food
menjar ràpid

comida de rua
menjar de carrer

bule de chá
tetera

açucareiro
sucrer

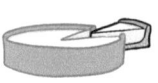

porção
porció

máquina de café expresso
màquina d'espresso

cadeira alta
trona

conta
factura

bandeja
plata

faca
ganivet

garfo
forqueta

colher
cullera

colher de chá
cullereta

guardanapo
tovalló

copo
got

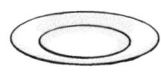

prato
plat

prato de sopa
plat de sopa

pires
plateret

molho
salsa

saleiro
saler

moinho de pimenta
molinet de pebre

vinagre
vinagre

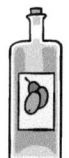

óleo
oli

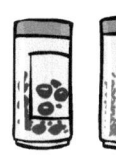

especiarias
espècies

ketchup
quètxup

mostarda
mostassa

maionese
maionesa

supermercado
supermercat

oferta especial
oferta especial
FOR
cliente
client
laticínios
productes lactis
fruta
fruites
carrinho de compras
carret de la compra

BUTCHERS

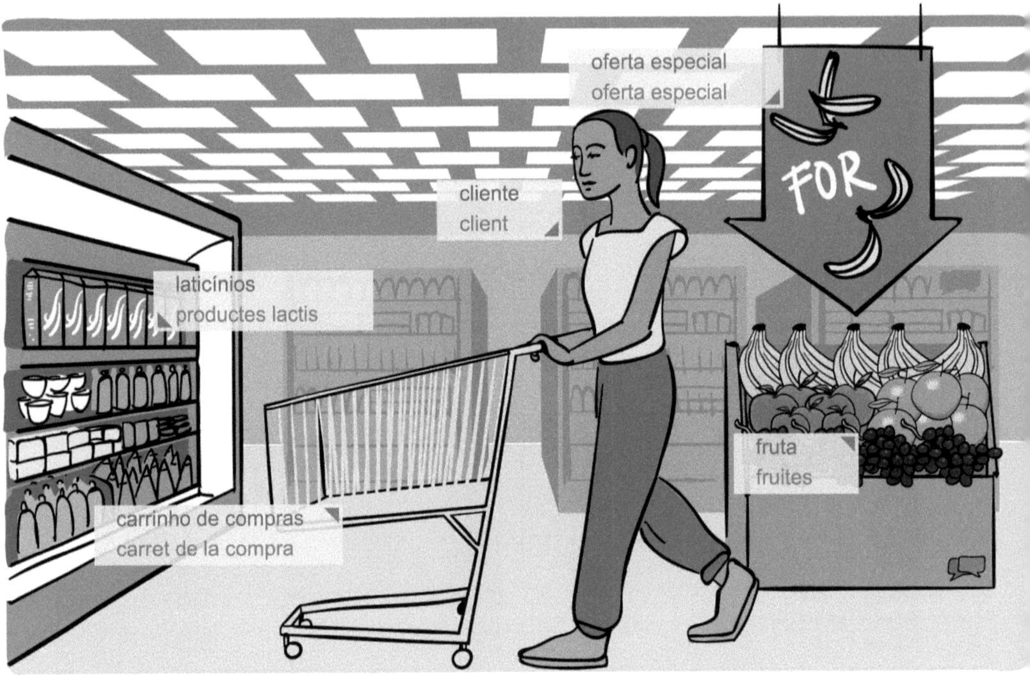

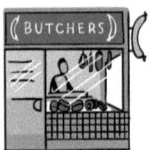

talho

carnisseria

BAKERY

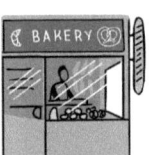

padaria

forn de pa

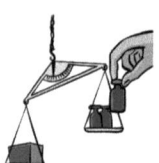

pesar

pesar

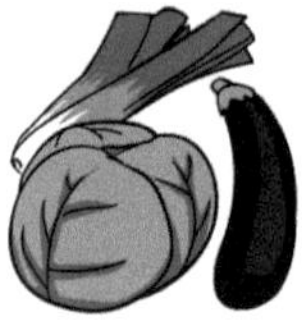

vegetais

verdures

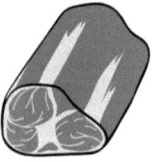

carne

carn

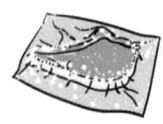

alimentos congelados

menjar congelat

charcutaria

carn freda

comida enlatada

conserves

detergente em pó

detergent en pols

doces

dolços

artigos domésticos

articles domèstics

produtos de limpeza

productes de neteja

vendedora

venedora

caixa

caixa registradora

caixa

caixera

lista de compras

llista de la compra

horário de funcionamento

horari d'obertura

carteira

portamonedes

cartão de crédito

carta de crèdit

saco

bossa

saco de plástico

bossa de plàstic

água

aigua

sumo

suc

leite

llet

coca-cola

coca-cola

vinho

vi

cerveja

cervesa

álcool

alcohol

cacau

cacau

chá

te

café

cafè

café expresso

espresso

capuccino

cappuccino

banana
banana

maçã
poma

laranja
taronja

melão
síndria

limão
llimona

cenoura
pastanaga

alho
all

bambu
bambú

cebola
ceba

cogumelo
bolet

nozes
avellanes

talharim
fideus

esparguete

espaguetis

arroz

arròs

salada

amanida

batatas fritas

patates fregides

batatas fritas

patates fregides

pizza

pizza

hambúrguer

hamburguesa

sanduíche

entrepà

bife panado

escalopa

fiambre

cuixot

salame

salami

salsicha

salsitxa

galinha

pollastre

assado

rostit

peixe

peix

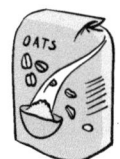

flocos de aveia

flocs de civada

muesli

musli

flocos de milho

cereals

farinha

farina

croissant

croissant

carcaça (pãozinho)

panet

pão

pa

torrada

torrada

biscoitos

bescuits

manteiga

mantega

requeijão

mató

bolo

pastís

ovo

ou

ovo estrelado

ou fregit

queijo

formatge

gelado

gelat

açúcar

sucre

mel

mel

compota

melmelada

creme de nougat

crema de xocolata

caril

curri

quinta
granja

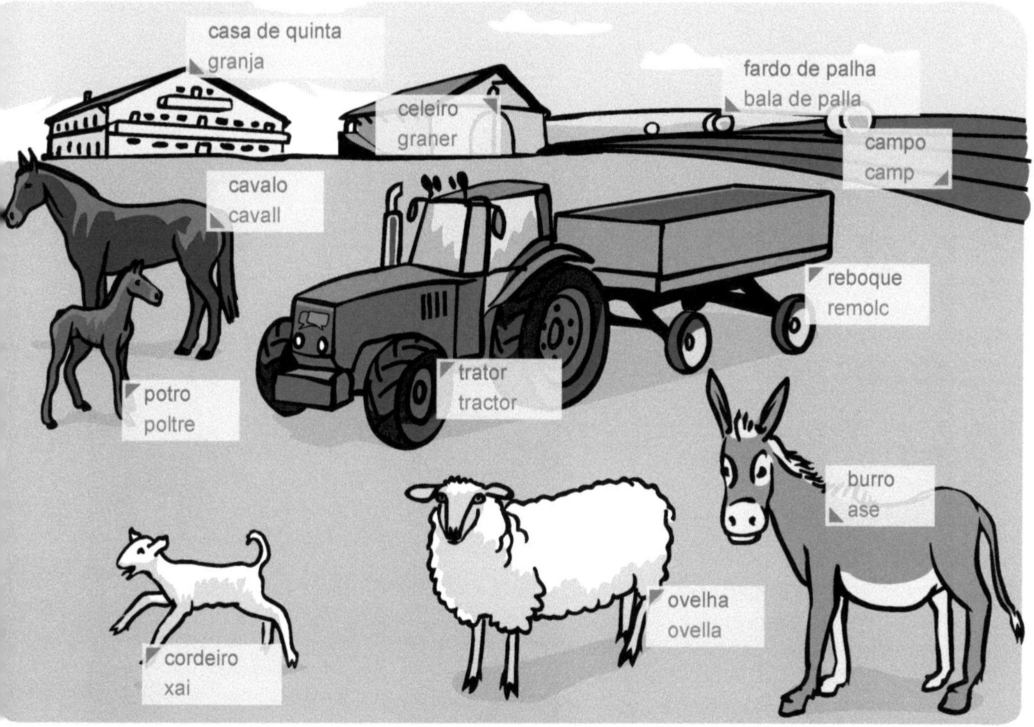
casa de quinta
granja
celeiro
graner
fardo de palha
bala de palla
campo
camp
cavalo
cavall
reboque
remolc
trator
tractor
potro
poltre
burro
ase
ovelha
ovella
cordeiro
xai

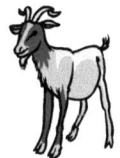

cabra

cabra

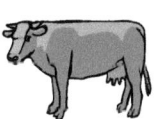

vaca

vaca

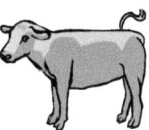

bezerro

vedella

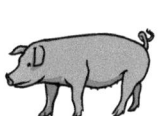

porco

porc

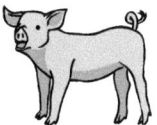

leitão

garrí

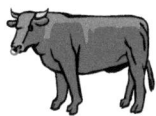

touro

bou

ganso
oca

pato
ànec

pintaínho
poll

galinha
gall

galo
gallina

ratazana
rata

gato
gat

rato
ratolí

boi
bou

cão
gos

casota
gossera

mangueira de jardim
mànega de regar

regador
regadora

foice
dalla

arado
arada

foice

falç

enxada

aixada

forquilha

forca

machado

destral

carrinho de mão

carretó

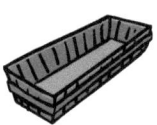

manjedoura

abeurador

jarro de leite

lletera

saco

sac

cerca

tanca

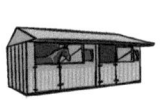

estábulo

establa

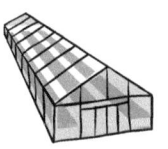

estufa

hivernacle

solo

sòl

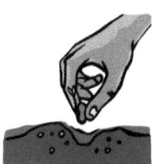

semente

llavor

fertilizante

adob

ceifeira-debulhadora

collidora

colher
collir

colheita
collita

inhame
nyam

trigo
blat

soja
soja

batata
patata

milho
blat de moro o d'indi

colza
colza

árvore de fruto
arbre fruiter

mandioca
mandioca

cereais
cereals

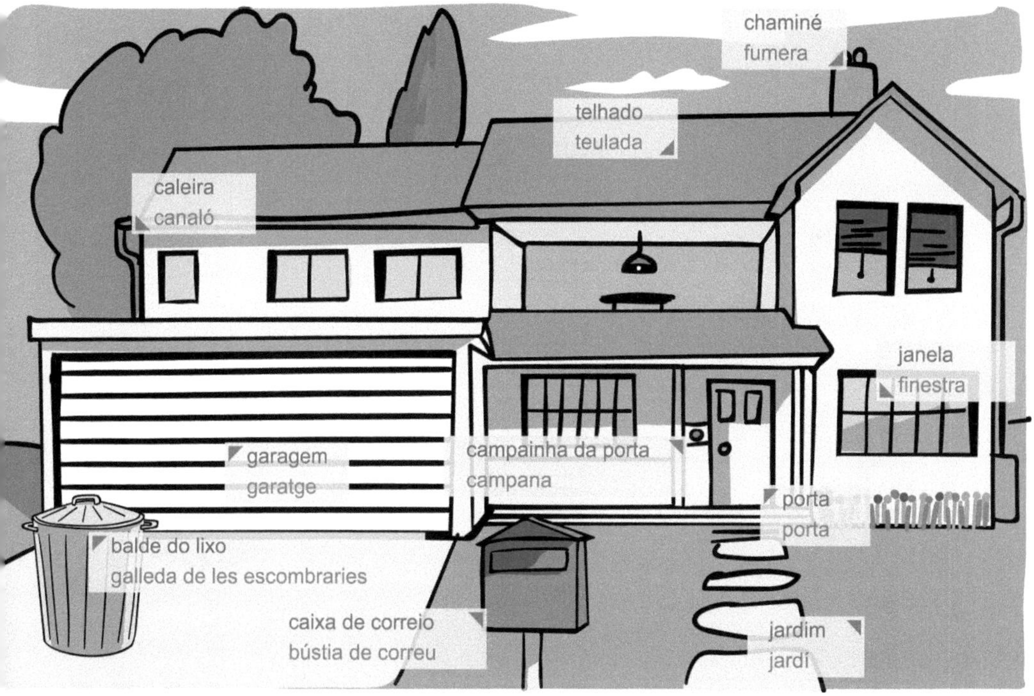

chaminé
fumera

telhado
teulada

caleira
canaló

janela
finestra

garagem
garatge

campainha da porta
campana

porta
porta

balde do lixo
galleda de les escombraries

caixa de correio
bústia de correu

jardim
jardí

sala de estar
sala d'estar

casa de banho
bany

cozinha
cuina

quarto de dormir
cambra de dormir

quarto de criança
cambra de nen

sala de jantar
menjador

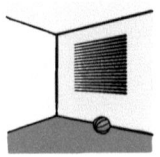

chão
sòl

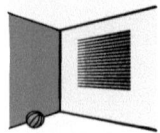

parede
paret

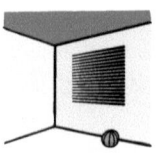

teto
sostre

cave
soterrani

sauna
sauna

varanda
balcó

terraço
terrassa

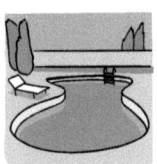

piscina
piscina

máquina de cortar relvado
tallagespa

lençol
vànova

cobertor
cobrellit

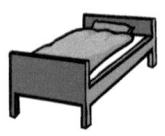

cama
llit

vassoura
escombra

balde
galleda

interruptor
interruptor

sala de estar
sala d'estar

papel de parede
paper de paret
imagem
quadre
lâmpada
làmpada
prateleira
prestatge
armário
armari
televisão
televisor
lareira
escalfapanxes
flor
flor
almofada
coixí
sofá
sofà
vaso
gerro
controlo remoto
telecomanda

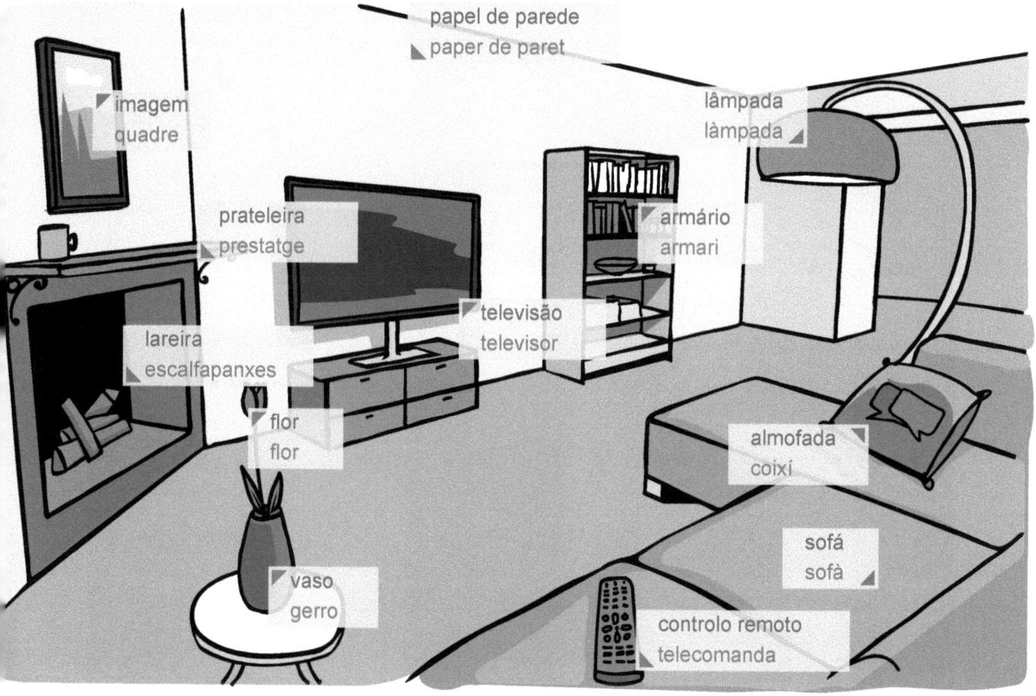

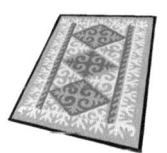

tapete
catifa

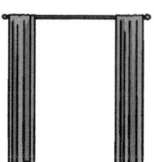

cortina
cortina

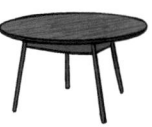

mesa
taula

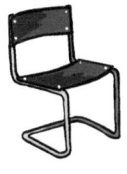

cadeira
cadira

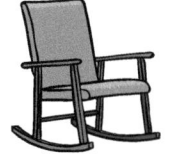

cadeira de baloiço
cadira gronxadora

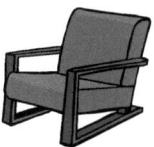

poltrona
cadiral

livro
llibre

cobertor
llençol

decoração
decoració

lenha
llenya

filme
film

sistema estéreo
cadena de música

chave
clau

jornal
diari

pintura
pintura

póster
cartell

rádio
ràdio

bloco de notas
bloc de notes

aspirador
aspiradora

cato
cactus

vela
candela

cozinha

cuina

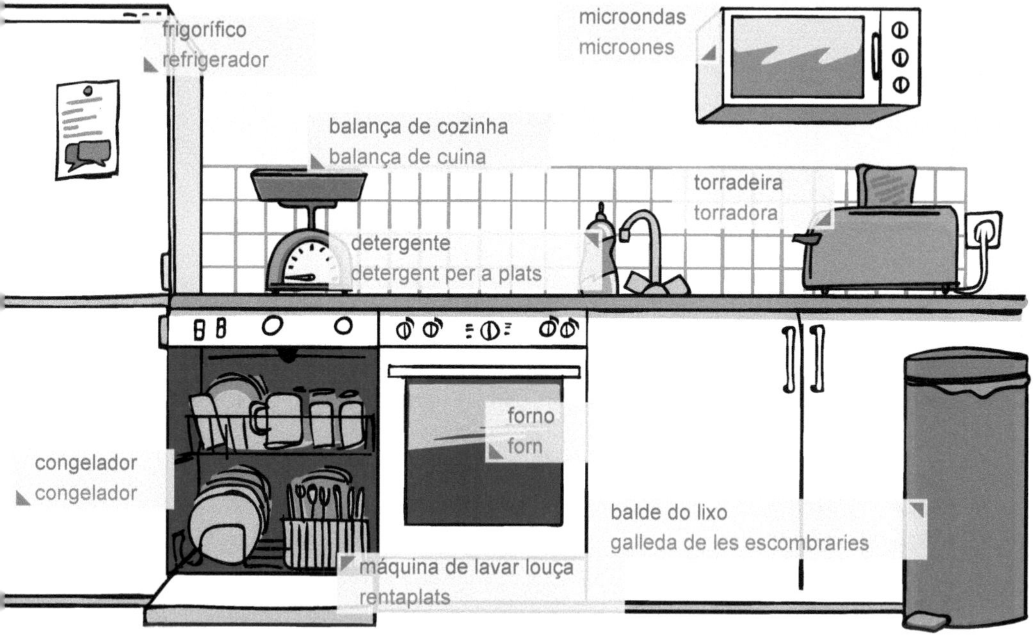
frigorífico
refrigerador
microondas
microones
balança de cozinha
balança de cuina
torradeira
torradora
detergente
detergent per a plats
forno
forn
congelador
congelador
balde do lixo
galleda de les escombraries
máquina de lavar louça
rentaplats

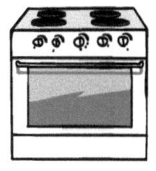

fogão

cuina de fogons

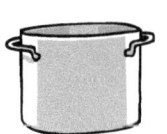

panela

olla

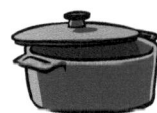

panela de ferro

olla de ferro colat

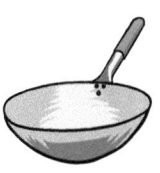

wok / kadai

wok / karahi

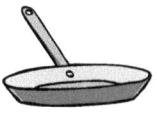

frigideira

paella

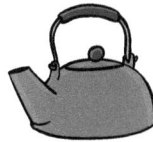

chaleira

bullidor

panela a vapor

olla de vapor

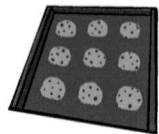

tabuleiro de forno

plata de forn

louça

vaixella

caneca

tassa grossa

tigela

bol

pauzinhos

bastonets xinesos

concha de sopa

culler

espátula

espàtula

batedor de claras

batedor

escorredor

colador

peneira

sedàs

ralador

ratllador

almofariz

morter

churrasqueira

barbacoa

lareira

foc a terra

tábua de cortar

taula de tallar

rolo da massa

corró

saca-rolhas

llevataps

lata

pot de conserva

abridor de latas

obridor

luvas de forno

agafador

lava-loiça

aigüera

escova

raspall

esponja

esponja

liquidificador

batedora

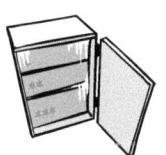

arca frigorífica

congelador

bibcrão

biberó

torneira

aixeta

casa de banho
bany

aquecimento
calefacció
toalha
tovallola
chuveiro
dutxa
cortina de chuveiro
cortina de dutxa
banho de espuma
bany de bombolles
banheira
banyera
copo
got
máquina de lavar roupa
rentadora
torneira
aixeta
azulejos
rajoles
penico
orinal
lava-loiça
aigüera

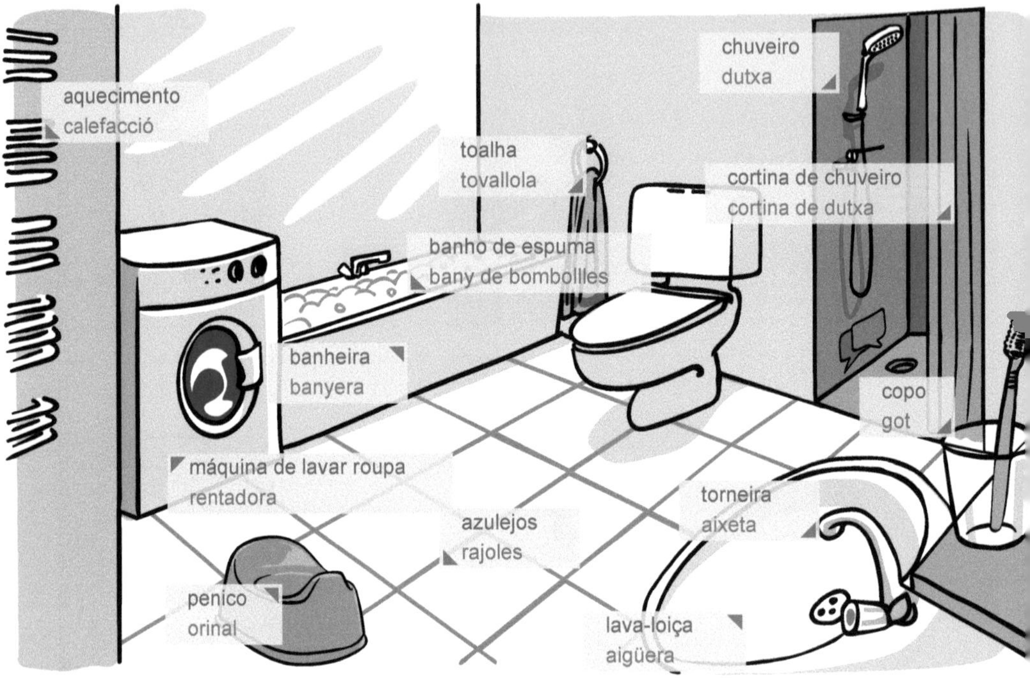

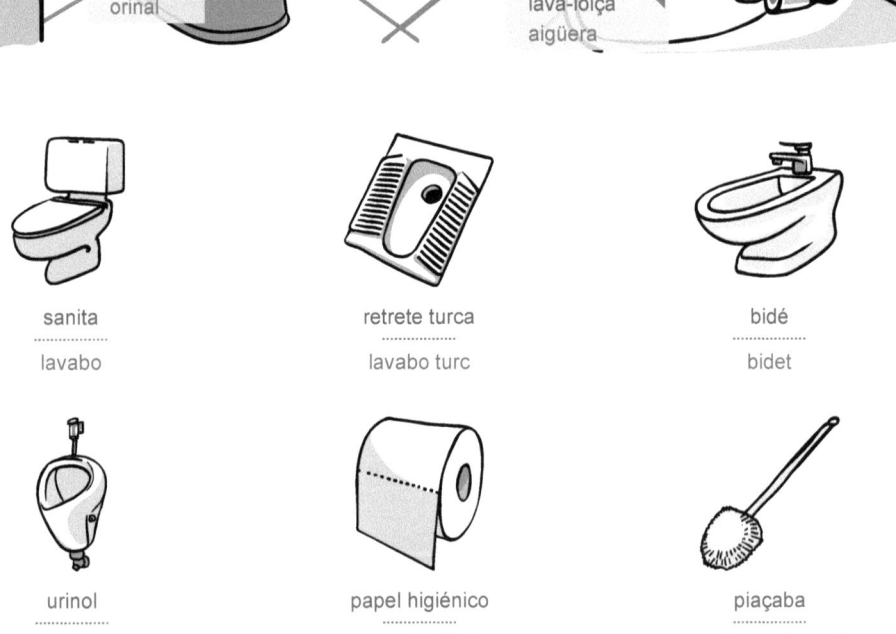

sanita
lavabo

retrete turca
lavabo turc

bidé
bidet

urinol
orinador

papel higiénico
paper higiènic

piaçaba
escombreta de sanitari

escova de dentes

raspall de dents

pasta de dentes

pasta de dents

fio dentário

fil dental

lavar

rentar

chuveiro de mão

pom de dutxa

duche íntimo

dutxa íntima

bacia

rentamans

escova para as costas

raspall per a l'esquena

sabonete

sabó

gel de banho

gel de dutxa

champô

xampú

toalha de rosto

manyopla de bany

escoamento

bonera

creme

crema

desodorizante

desodorant

espelho

mirall

espelho de mão

mirall-espill de mà

máquina de barbear

maquineta de rasar

creme de barbear

espuma de barbejar

loção pós-barba

loció post-rasada

pente

pinta

escova

raspall

secador de cabelo

eixugador

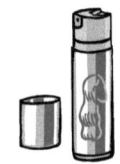

spray de cabelo

laca

maquilhagem

maquillatge

batom

pintallavis

verniz de unhas

esmalt d'ungles

algodão

cotó

tesoura para unhas

tallaungles

perfume

perfum

nécessaire
estoig de bellesa

tamborete
tamboret

balança
bàscula

roupão de banho
barnús

luvas de borracha
guants de goma

tampão
compresa higiènica

penso higiénico
compresa

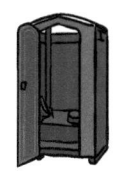

WC químico
sanitari químic

quarto de criança
cambra de nen

despertador
despertador
peluche
animal de peluix
carro de brincar
auto de joguina
chocalho
sonall
casa de bonecas
casa de nines
presente
present

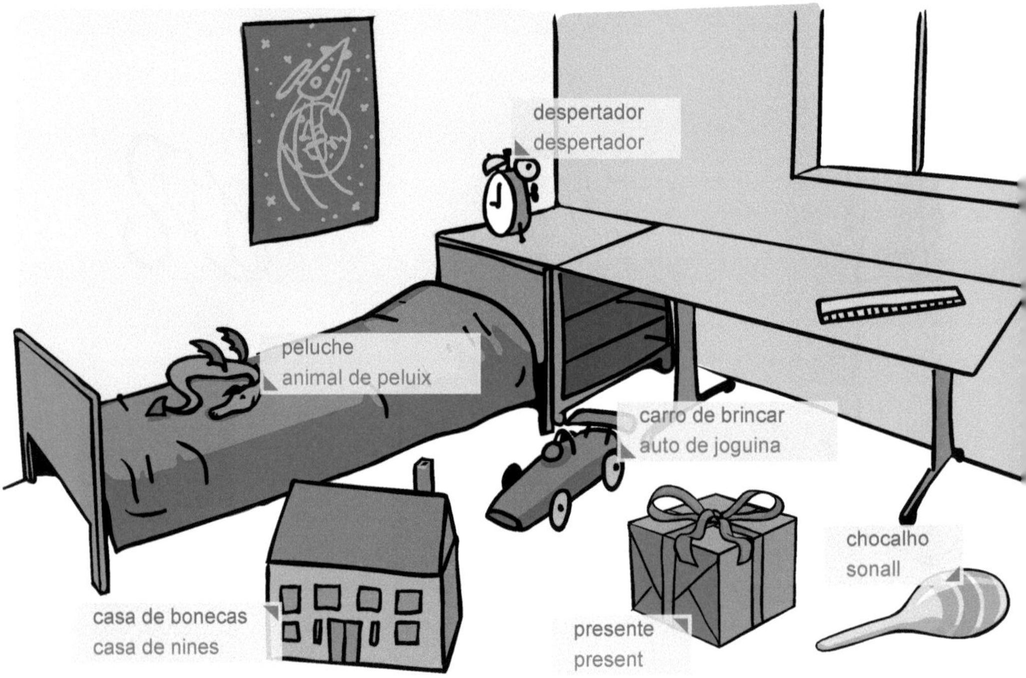

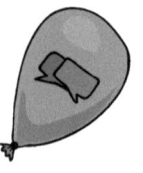

balão
....
baló

cama
....
llit

carrinho de bebé
....
cotxet per a nens

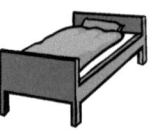

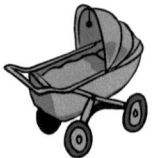

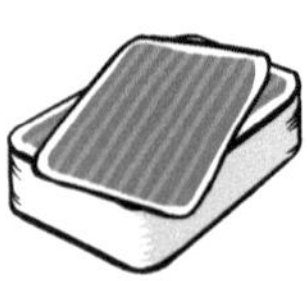

jogo de cartas
....
joc de cartes

quebra-cabeças
....
trencaclosca

banda desenhada
....
historieta

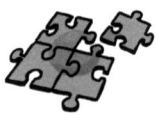

peças de Lego

peces de lego

blocos de construção

peces de construcció

figura de ação

ninot d'acció

fato de bebé

granota

Frisbee

frisbee

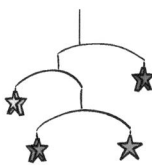

móbile para bebé

mòbil per a bressol

jogo de tabuleiro

joc de taula

dados

daus

pista de comboio elétrico

tren elèctric

chupeta

xumet

festa

festa

livro ilustrado

llibre de dibuixos

bola

pilota

boneca

nina

jogar

jugar

caixa de areia
sorrera

baloiço
gronxador

brinquedos
joguines

consola de jogos
consola de jocs de vídeo

triciclo
tricicle

ursinho de peluche
osset de peluix

guarda-roupa
armari

vestuário

roba

meias
mitjons

meias pelo joelho
mitges

meias-calças
mitja pantaló

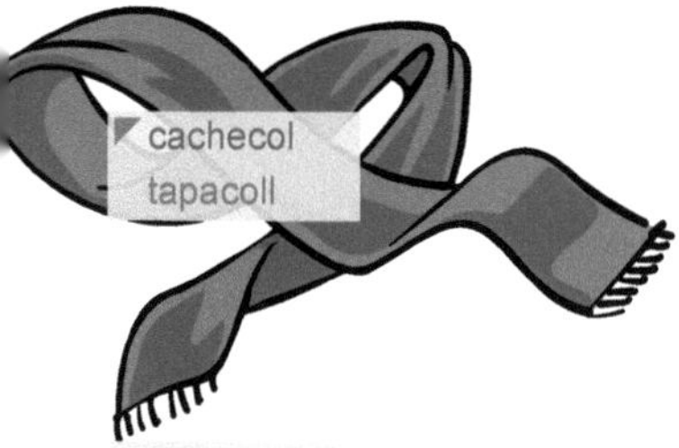

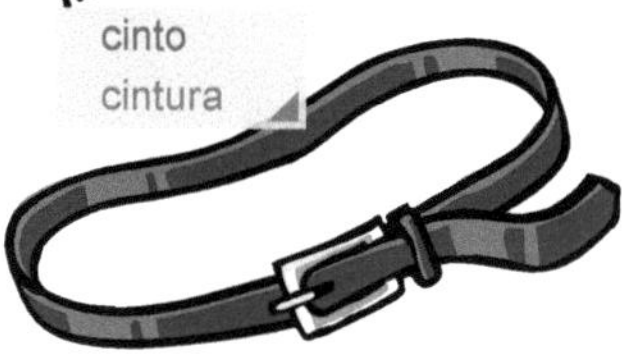

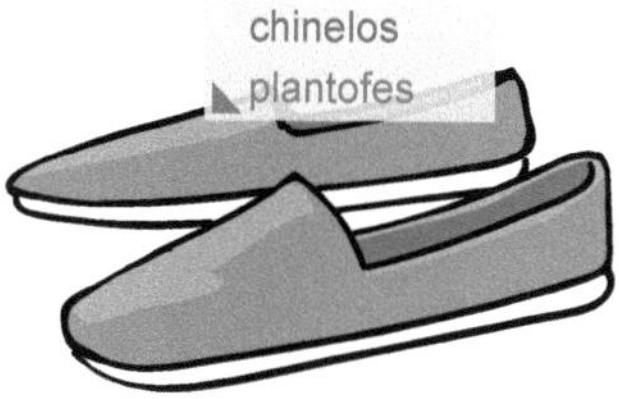

cachecol
tapacoll

guarda-chuva
paraigua

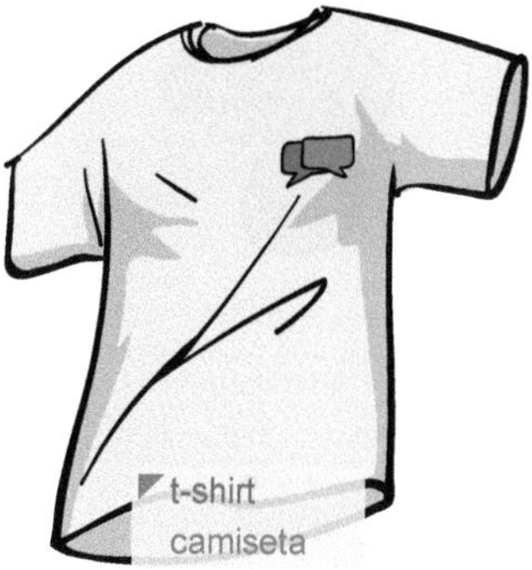

cinto
cintura

t-shirt
camiseta

botas
botes

chinelos
plantofes

sapatilhas
sabates d'esport

sandálias
sandàlies

sapatos
sabates

botas de borracha
botes de goma

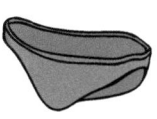

cuecas
calçonets

sutiã
sostenidor

camisola interior
guardapits

body

jjustacòs

calças

pantalons

calças de ganga

jeans

saia

faldeta

blusa

brusa

camisa

camisa

pulôver

jersei

camisola com capuz

dessuadora

blazer

blazer

casaco

jaqueta

manto

mantell

gabardina

impermeable

traje

vestit de dona

vestido

vestit de dona

vestido de casamento

vestit de núvia

fato

vestit d'home

camisa de dormir

camisa de dormir

pijama

pijama

sari

sari

lenço de cabeça

mocador de cap

turbante

turbant

burca

burca

cafetã

caftan

abaya

abaia

fato de banho

vestit de bany

calções de banho

calçon(et)s de bany

calções

pantalons curts

fato de treino

xandall

avental

davantal

luvas

guants

botão

botó

óculos

ulleres

pulseira

braçalet

colar

collaret

anel

anell

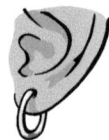

brinco

orellera

boné

casquet

cabide

penjador

chapéu

capell

gravata

corbata

fecho de correr

cremallera

capacete

casc

suspensórios

elàstics

uniforme escolar

uniforme escolar

uniforme

uniforme

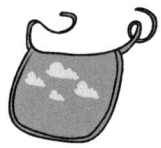

babete

pitet

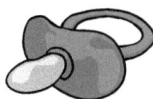

chupeta

xumet

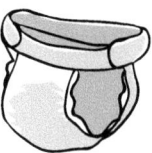

fralda

bolquer

escritório

oficina

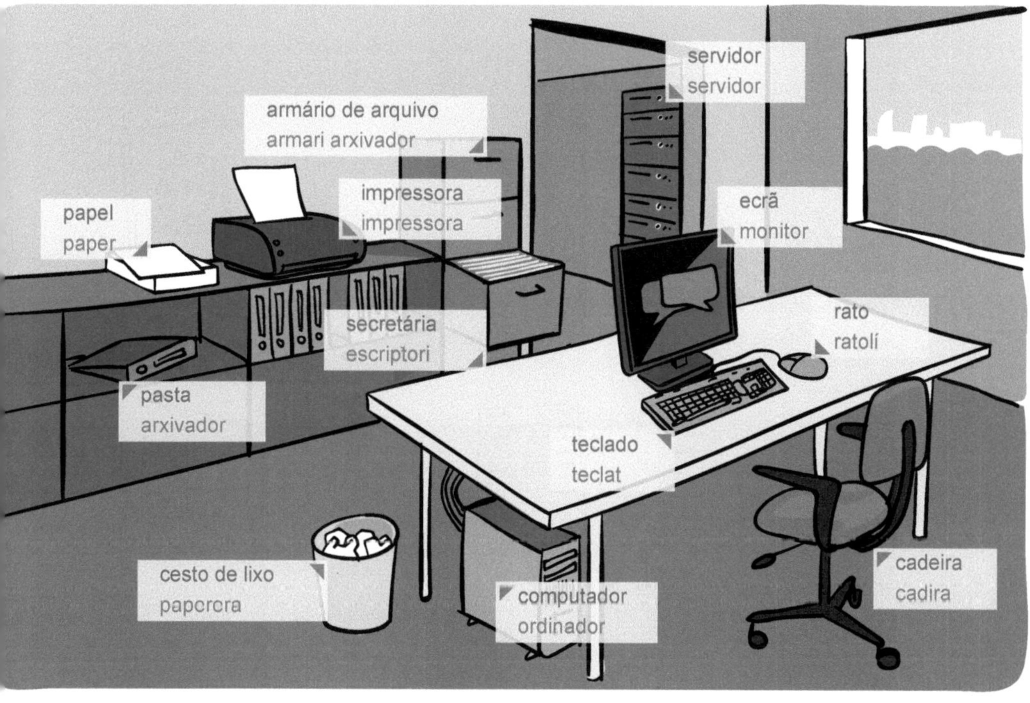
servidor
servidor
armário de arquivo
armari arxivador
impressora
impressora
papel
paper
ecrã
monitor
rato
ratolí
secretária
escriptori
pasta
arxivador
teclado
teclat
cesto de lixo
paperera
computador
ordinador
cadeira
cadira

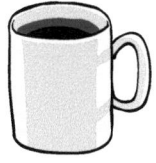

caneca de café

tassa de cafè

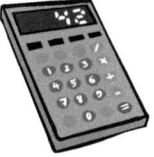

calculadora

calculadora

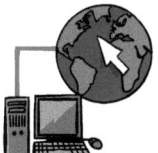

internet

Internet

computador portátil

ordinador portàtil

carta

lletra

mensagem

missatge

telemóvel

mòbil

rede

xarxa

fotocopiadora

fotocopiadora

software

programari

telefone

telèfon

tomada elétrica

presa de corrent

fax

fax

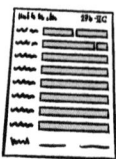

formulário

formulari

documento

document

comprar
comprar

pagar
pagar

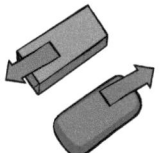

negociar
comerciar

dinheiro
diners

dólar
dòlar

euro
euro

yen
ien

rublo
ruble

franco suíço
franc suís

renminbi yuan
renminbi

rupia
rupia

caixa de multibanco
caixa automàtica

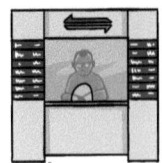

casa de câmbio

oficina de canvi

ouro

or

prata

argent

petróleo

petroli

energia

energia

preço

preu

contrato

contracte

imposto

impost

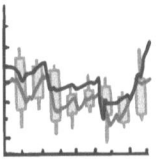

ação

acció

trabalhar

treballar

empregado

treballador

entidade patronal

empresari

fábrica

fàbrica

loja

botiga

profissões
oficis

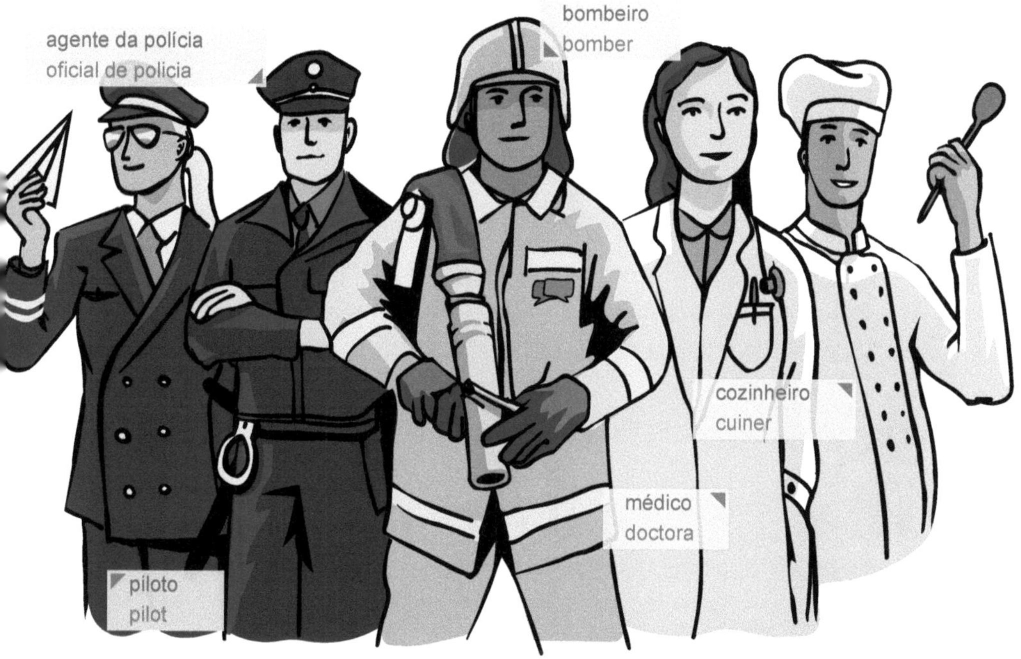
agente da polícia
oficial de policia
bombeiro
bomber
cozinheiro
cuiner
médico
doctora
piloto
pilot

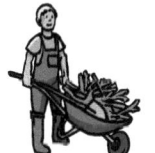

jardineiro

jardiner

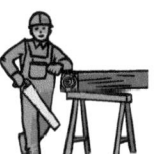

carpinteiro

fuster

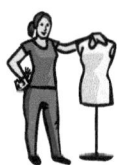

costureira

costurera

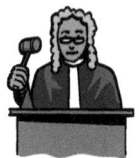

juiz

jutge

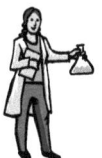

químico

química

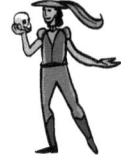

ator

actor

motorista de autocarro

conductor d'autobús

motorista de táxi

taxista

pescador

pescador

empregada de limpeza

dona de la neteja

telhador

ensostrador

empregado de mesa

cambrer

caçador

caçador

pintor

pintor

padeiro

forner

eletricista

electricista

construtor

obrer de la construcció

engenheiro

enginyer

talhante

carnisser

canalizador

llanterner

carteiro

correu

soldado

soldat

arquiteto

arquitecte

caixa

caixera

florista

florista

cabeleireiro

perruquer

controlador de bilhetes

revisor

mecânico

mecànic

capitão

capità

dentista

dentista

cientista

científic

rabino

rabí

imã

imam

monge

monjo

pastor

capellà

ferramentas

eines

martelo
martell
alicate
tenalles
chave de fendas
descaragolador
chave inglesa
clau anglesa
lanterna
llanterna

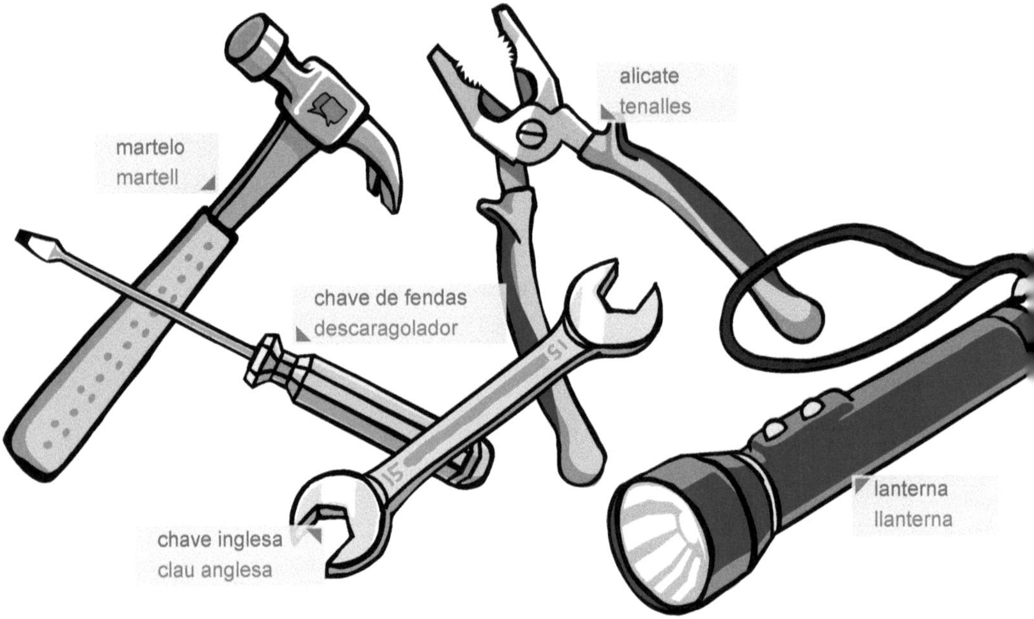

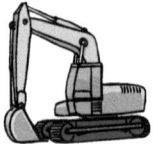

escavadora

excavadora

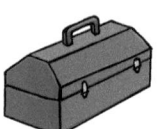

caixa de ferramentas

caixa d'eines

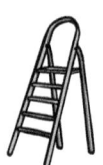

escadote

escala

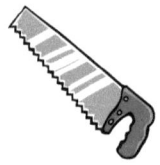

serra

serra

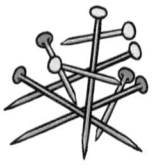

pregos

claus

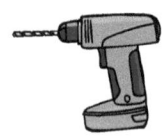

broca

trepant

reparar
reparar

pá
pala

porcaria!
Maleït siga!

pá de lixo
pala

pote de tinta
pot de pintura

parafusos
caragols

instrumentos musicais
instrument de música

bateria
bateria ◢

altifalante
altaveu

guitarra
guitarra ◢

◤contrabaixo
contrabaix

trompete
trompeta

piano
piano

violino
violí

baixo
baix

timbales
timbal

tambor
tambor

teclado
teclat

saxofone
saxofon

flauta
flauta

microfone
micròfon

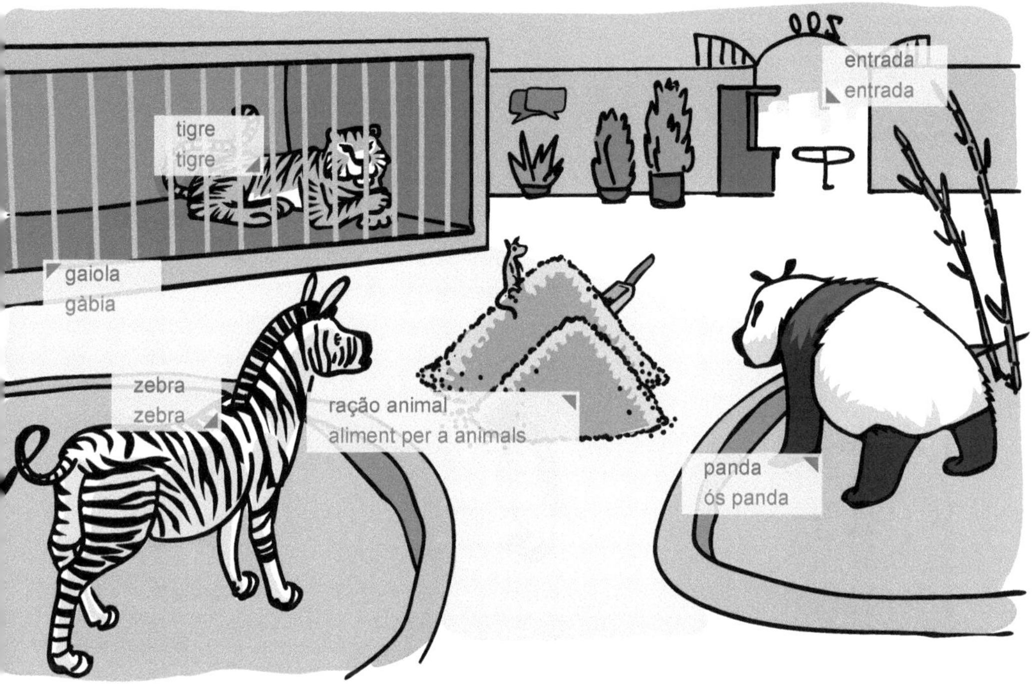

tigre
tigre

entrada
entrada

gaiola
gàbia

zebra
zebra

ração animal
aliment per a animals

panda
ós panda

animais
animals

elefante
elefant

canguru
cangurú

rinoceronte
rinoceront

gorila
goril·la

urso
ós

camelo

camell

avestruz

estruç

leão

lleó

macaco

simi

flamingo

flamenc

papagaio

papagai

urso polar

ós polar

pinguim

pingüí

tubarão

ca mari

pavão

paó

cobra

serp

crocodilo

cocodril

guarda do jardim zoológico

guardià del zoo

foca

foca

jaguar

jaguar

pónei

poni

leopardo

lleopard

hipopótamo

hipopòtam

girafa

girafa

águia

àliga

javali

senglar

peixe

peix

tartaruga

tortuga

morsa

morsa

raposa

guineu

gazela

gasela

futebol americano
futbol americà

ciclismo
ciclisme

ténis
tenis

basquetebol
bàsquet

natação
natació

boxe
boxa

hóquei no gelo
hoquei sobre gel

futebol
futbol americà

badminton
bàdminton

atletismo
atletisme

andebol
handbol

esqui
esquí

polo
polo

atividades
activitats

rir
riure
saltar
saltar
abraçar
abraçar
andar
anar
cantar
cantar
sonhar
somiar
rezar
pregar
beijar
fer un petó

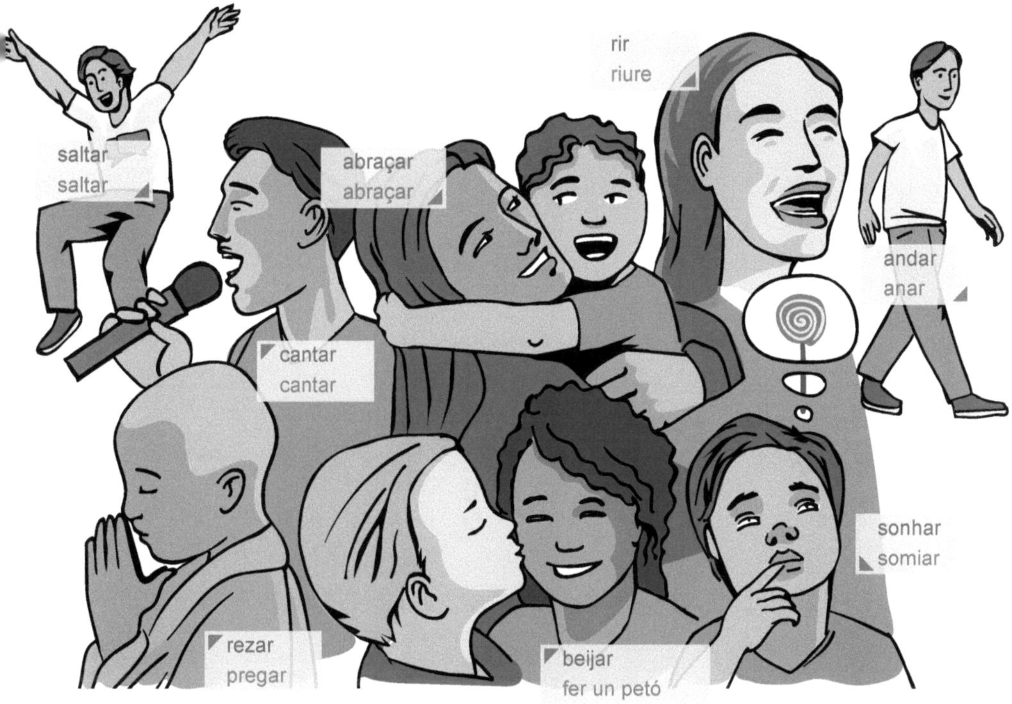

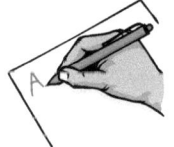

escrever

escriure

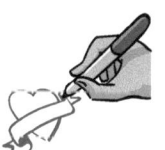

desenhar

dibuixar

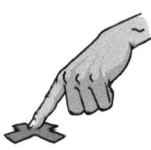

mostrar

mostrar

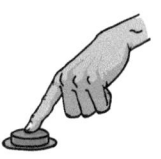

empurrar

pitjar

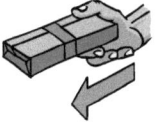

dar

donar

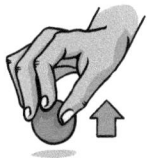

tomar

prendre

ter
tenir

fazer
fer

ser
ésser

ficar de pé
estar dret

correr
córrer

puxar
estirar

remessar
llançar

cair
caure

deitar
jeure

esperar
esperar

carregar
portar

sentar
asseure's

vestir
vestir-se

dormir
dormir

acordar
despertar-se

olhar para
....
mirar

chorar
....
plorar

acariciar
....
amoixar

pentear
....
pentinar

falar
....
parlar

compreender
....
comprendre

perguntar
....
demanar

ouvir
....
escoltar

beber
....
beure

comer
....
menjar

arrumar
....
endreçar

amar
....
estimar

cozinhar
....
cuinar

conduzir
....
conduir

voar
....
volar

velejar

navegar

calcular

calcular

ler

llegir

aprender

aprendre

trabalhar

treballar

casar

casar-se

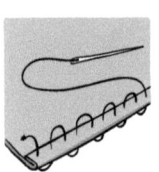

costurar

cosir

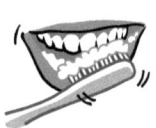

escovar os dentes

raspallar-se les dents

matar

matar

fumar

fumar

enviar

enviar

avó
àvia

avô
avi

pai
pare

mãe
mare

bebé
nadó

filha
filla

filho
fill

convidado
convidat

tia
tia

tio
oncle

irmão
germà

irmã
germana

família - família

67

corpo

cos

testa
front
olho
ull
ombro
espatlla
dedo
dit
cara
cara
queixo
barbeta
mão
mà
perna
cama
peito
pit
braço
braç

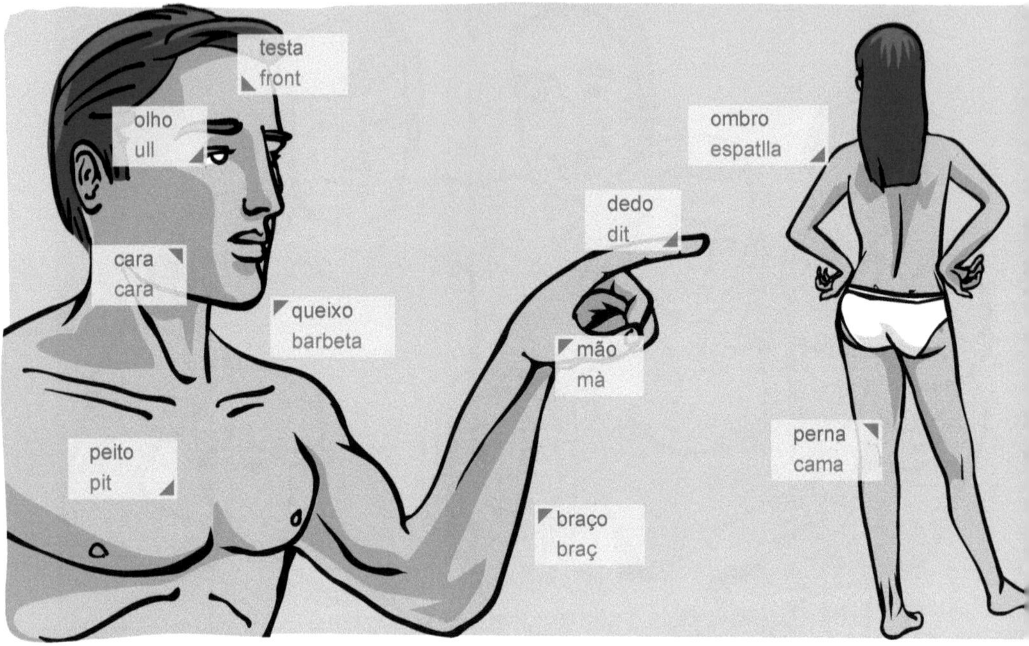

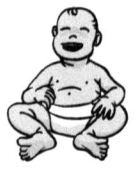

bebé
nadó

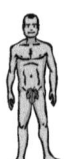

homem
home

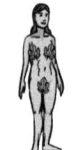

mulher
dona

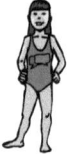

menina
noia

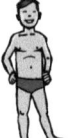

menino
noi

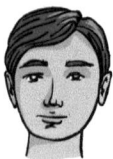

cabeça
cap

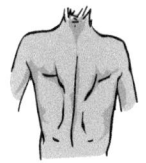

costas

esquena

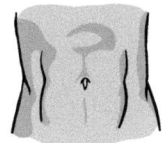

barriga

panxa

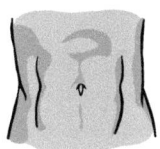

umbigo

melic

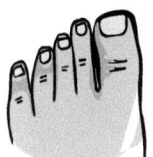

dedo do pé

dit gros del peu

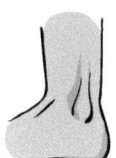

calcanhar

taló

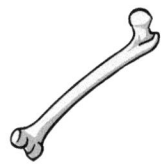

osso

os

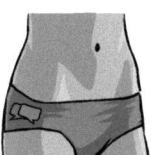

anca

maluc

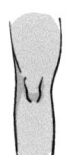

joelho

genoll

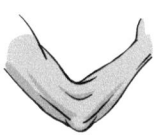

cotovelo

colze

nariz

nas

nádegas

cul

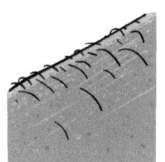

pele

pell

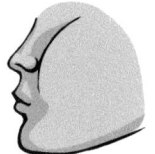

bochecha

galta

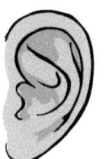

orelha

orella

lábio

llavi

boca

boca

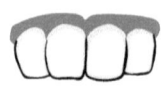

dente

dent

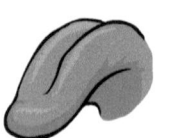

língua

llengua

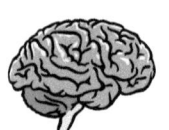

cérebro

cervell

coração

cor

músculo

múscul

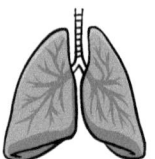

pulmão

pulmó

fígado

fetge

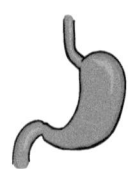

estômago

estómac

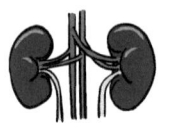

rins

ronyó

relações sexuais

relació sexual

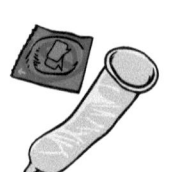

preservativo

preservatiu

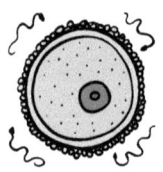

óvulo

ovari

esperma

semen

gravidez

prenyat

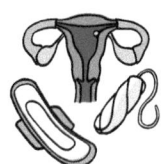

menstruação

menstruació

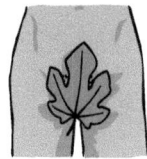

vagina

vagina

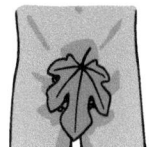

pénis

penis

sobrancelha

cella

cabelo

cabells

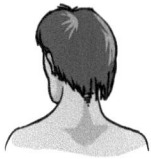

pescoço

coll

hospital
hospital

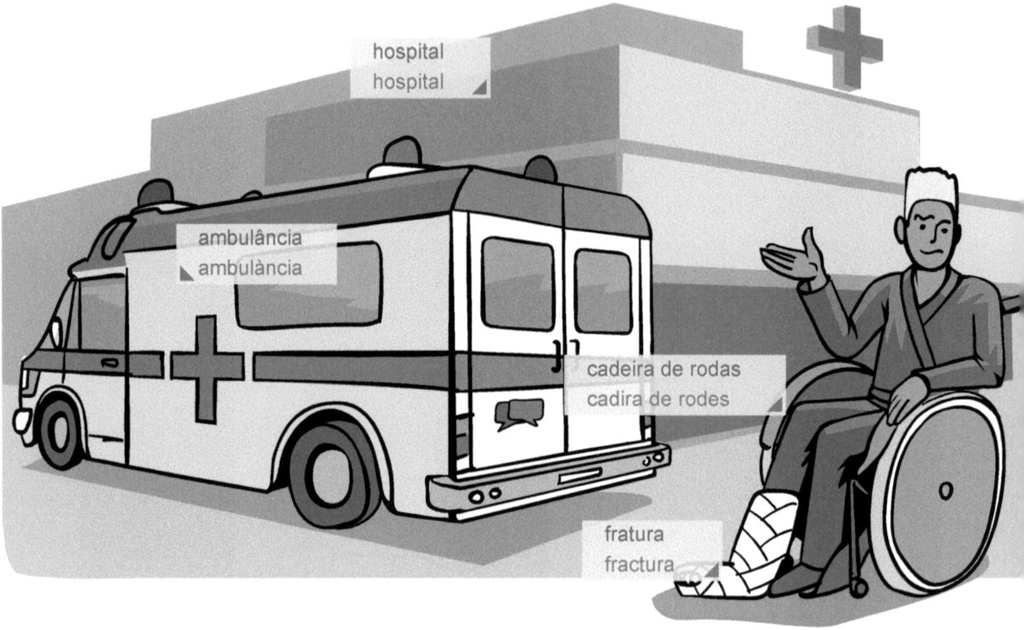

hospital
hospital
ambulância
ambulància
cadeira de rodas
cadira de rodes
fratura
fractura

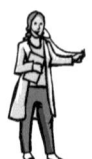

médico
doctora

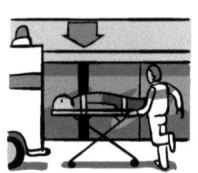

serviço de urgências
sala d'urgències

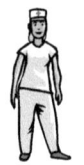

enfermeira
infermera

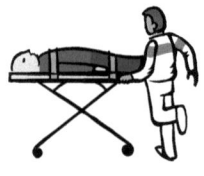

emergência
urgència

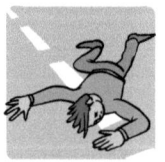

inconsciente
inconscient

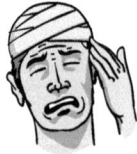

dor
dolor

ferimento

ferida

hemorragia

sagnament

ataque cardíaco

atac de cor

acidente vascular cerebral

apoplexia

alergia

al·lèrgia

tosse

tos

febre

febre

gripe

gripa

diarreia

diarrea

dor de cabeça

mal de cap

cancro

càncer

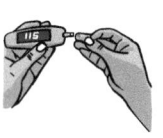

diabetes

diabetis

cirurgião

cirurgià

bisturi

escalpel

operação

operació

CT

tomografia computada (TC),
TAC

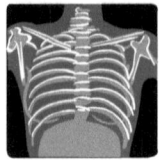

raio x

raigs x

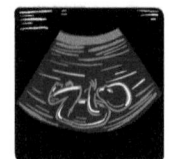

ultrassom

ultrasò

máscara

mascareta

doença

malaltia

sala de espera

sala d'espera

muleta

crossa

penso rápido

tireta

ligadura

embenat

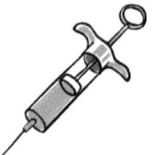

injeção

injecció

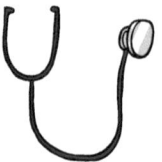

estetoscópio

estetoscopi

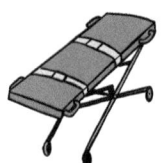

maca

llitera

termómetro

termòmetre clínic

nascimento

pariment

excesso de peso

sobrepès

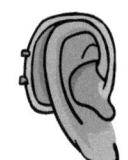

aparelho auditivo

aparell auditiu

desinfetante

desinfectant

infeção

infecció

vírus

virus

HIV / SIDA

VIH / SIDA

medicamento

medicina

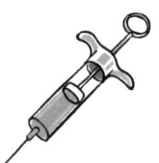

vacinação

vaccí

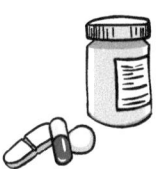

comprimidos

comprimits

pílula

píl·lola

chamada de emergência

trucada d'urgència

dispositivo de medição dc
pressão arterial

tensiòmetre

doente / saudável

malalt / sà

Socorro!
Socors!

alarme
alarma

assalto
assalt

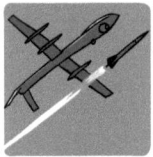

ataque
atac

perigo
perill

saída de emergência
sortida-eixida d'urgència

Fogo!
Foc!

extintor de incêndios
extintor

acidente
accident

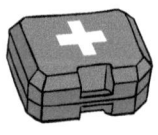

estojo de primeiros socorros

farmaciola de primers
auxilis

SOS
SOS

polícia
policia

Europa

Europa

América do Norte

Amèrica del Nord

América do Sul

Amèrica del Sud

África

Àfrica

Ásia

Àsia

Austrália

Austràlia

Atlântico

Atlàntic

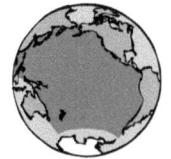

Pacífico

Pacífic

Oceano Índico

Oceà Índic

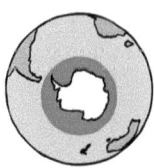

Oceano Antártico

Oceà Antàrtic

Oceano Ártico

Oceà Àrtic

Polo Norte

pol nord

Polo Sul

pol sud

Antártica

Antàrtida

terra

terra

país

país

mar

mar

ilha

illa

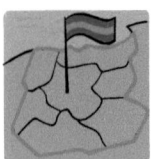

nação

nació

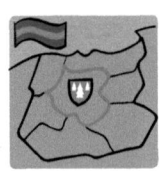

estado

estat

terra - terra

mostrador do relógio

quadrant

ponteiro das horas

agulla de les hores

ponteiro dos minutos

agulla dels minuts

ponteiro dos segundos

agulla dels segons

Que horas são?

Quina hora és?

dia

dia

tempo

temps

agora

ara

relógio digital

rellotge digital

minuto

minut

hora

hora

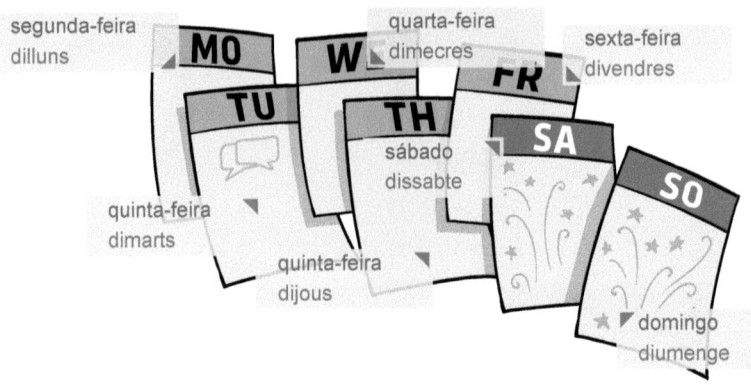

segunda-feira
dilluns

quarta-feira
dimecres

sexta-feira
divendres

quinta-feira
dimarts

quinta-feira
dijous

sábado
dissabte

domingo
diumenge

ontem
ahir

hoje
avui

amanhã
demà

manhã
matí

meio-dia
migdia

entardecer
tarda

MO	TU	WE	TH	FR	SA	SU
1	2	3	4	5	6	7
8	9	10	11	12	13	14
15	16	17	18	19	20	21
22	23	24	25	26	27	28
29	30	31	1	2	3	4

dias úteis
dia feiner

MO	TU	WE	TH	FR	SA	SU
1	2	3	4	5	6	7
8	9	10	11	12	13	14
15	16	17	18	19	20	21
22	23	24	25	26	27	28
29	30	31	1	2	3	4

fim de semana
cap de setmana

ano

any

chuva
pluja
arco-íris
arc de Sant Martí
neve
neu
vento
vent
primavera
primavera
outono
tardor
verão
estiu
inverno
hivern

4.APRIL 11°
5.APRIL 4°
6.APRIL 13°
7.APRIL 8°
8.APRIL 10°

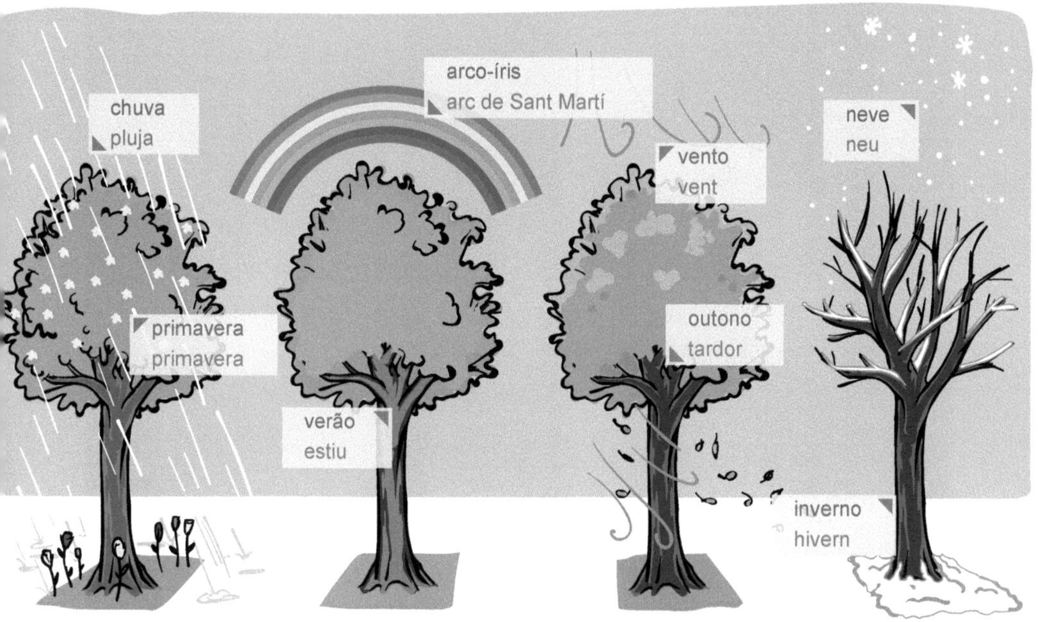

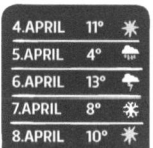

previsão do tempo

pronòstic del temps

F C
120 40
90 30
60 20
30 10
0 0
-30 -10
-20

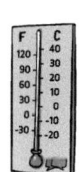

termómetro

termòmetre

raios de sol

llum del sol

nuvem

núvol

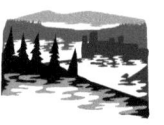

neblina / nevoeiro

boira

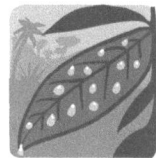

humidade do ar

humiditat de l'aire

relâmpago

llamp

trovão

tro

tempestade

tempesta

granizo

calamarsa

monção

monsó

inundação

inundació

gelo

gel

janeiro

gener

fevereiro

febrer

março

març

abril

abril

maio

maig

junho

juny

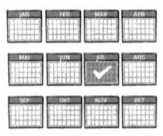

julho

juliol

agosto

agost

ano - any

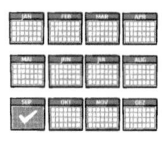

setembro

setembre

outubro

octubre

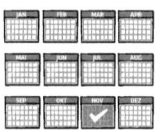

novembro

novembre

dezembro

desembre

círculo

cercle

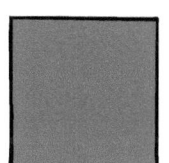

quadrado

quadrat

retângulo

rectangle

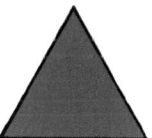

triângulo

triangle

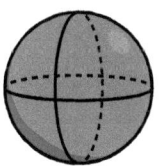

esfera

esfera

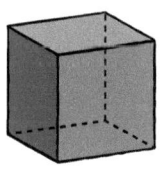

cubo

cub

branco

blanc

amarelo

groc

laranja

taronja

rosa

rosa

vermelho

vermell

lilás

lila

azul

blau

verde

verd

castanho

marró

cinzento

gris

preto

negre

muito / pouco

molt / poc

furioso / calmo

emprenyat / tranquil

lindo / feio

bonic / lleig

princípio / fim

començament / fi

grande / pequeno

gran / petit

claro / escuro

clar / fosc

irmão / irmã

germà / germana

limpo / sujo

net / brut

completo / incompleto

complet / incomplet

dia / noite

dia / nit

morto / vivo

mort / viu

largo / estreito

ample / estret

comestível / não comestível

comestible / immenjable

mau / gentil

dolent / amable

entusiasmado / entediado

entusiasmat / entediat

gordo / magro

gros / prim

primeiro / último

primer / darrer

amigo / inimigo

amic / enemic

cheio / vazio

ple / buit

duro / macio

dur / tou

pesado / leve

pesant / lleuger

fome / sede

gana / set

doente / saudável

malalt / sà

ilegal / legal

il·legal / legal

inteligente / burro

intel·ligent / ximple

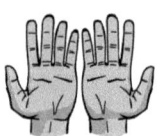

esquerda / direita

esquerra / dreta

perto / longe

prop / llunyà

novo / usado
·················
nou / usat

nada / algo
·················
res / quelcom

velho / jovem
·················
vell / jove

ligado / desligado
·················
encès / apagat

aberto / fechado
·················
obert / tancat

baixo / alto
·················
silenciós / sorollós

rico / pobre
·················
ric / pobre

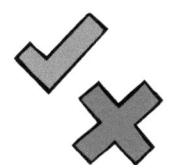

certo / errado
·················
correcte / incorrecte

áspero / liso
·················
aspre / suau

triste / feliz
·················
trist / content

curto / longo
·················
curt / llarg

lento / rápido
·················
lent / ràpid

molhado / seco
·················
humit / sec - eixut

ameno / fresco
·················
calent / fred

guerra / paz
·················
guerra / pau

0

zero

zero

1

um

u

2

dois

dos

3

três

tres

4

quatro

quatre

5

cinco

cinc

6

seis

sis

7

sete

set

8

oito

vuit

9

nove

nou

10

dez

deu

11

onze

onze

12

doze

dotze

13

treze

tretze

14

catorze

catorze

15

quinze

quinze

16

dezasseis

setze

17

dezassete

disset

18

dezoito

divuit

19

dezanove

dinou

20

vinte

vint

100

cem

cent

1.000

mil

mil

1.000.000

milhão

milió

inglês

anglès

inglês americano

anglès americà

chinês mandarim

xinès mandarí

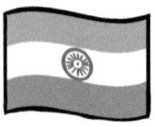

hindi

hindi

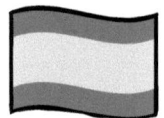

espanhol

espanyol

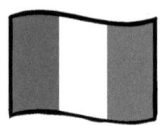

francês

francès

árabe

àrab

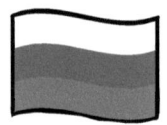

russo

rus

português

portuguès

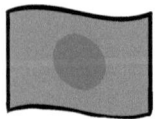

bengalês

bengalí

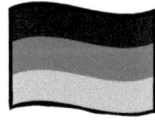

alemão

alemany

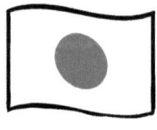

japonês

japonès

eu
jo

tu
tu

ele / ela
ell / ella / allò

nós
nosaltres

vós
vosaltres

eles / elas
ells

quem?
qui?

o quê?
què?

como?
com?

onde?
on?

quando?
quan?

nome
nom

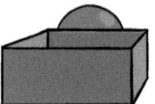

atrás

darrere

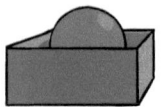

em

en

à frente de

davant de

sobre

damunt

em cima

sobre

debaixo

sota

ao lado

al costat

entre

entre

lugar

lloc